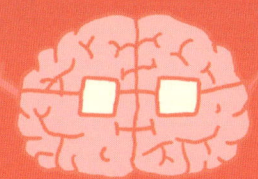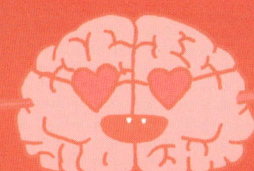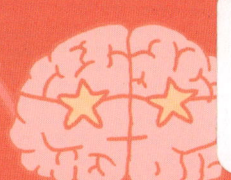
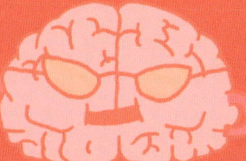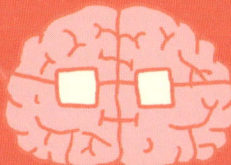
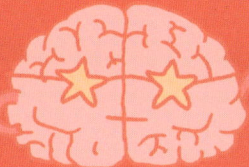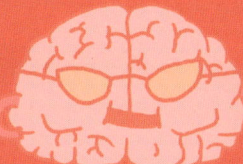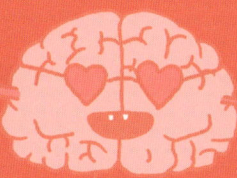
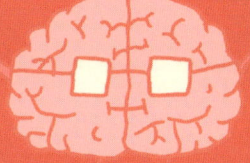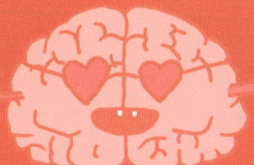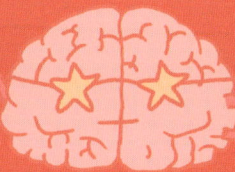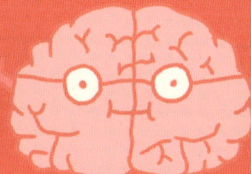
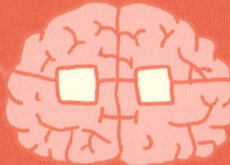
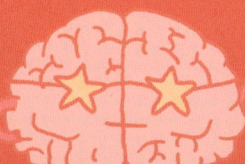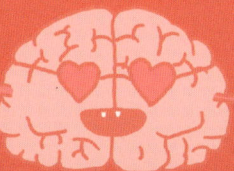

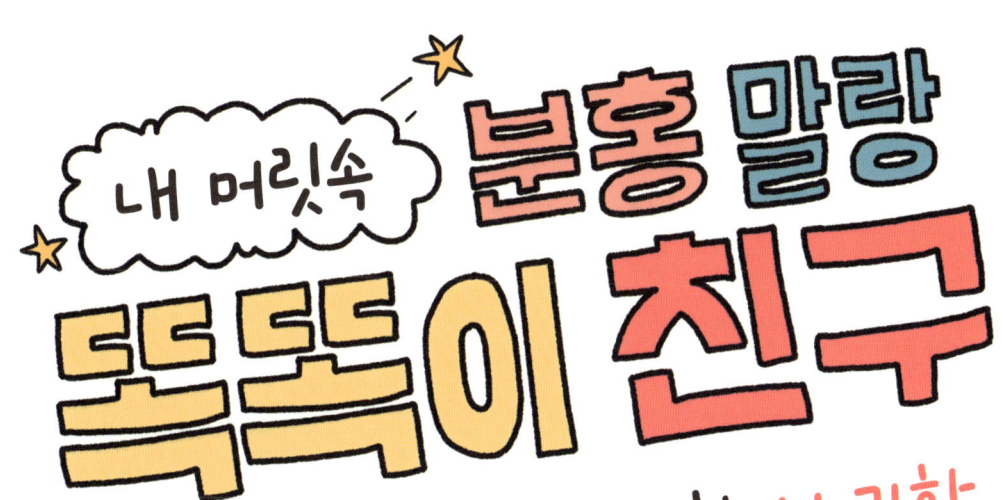

내 머릿속 분홍 말랑 똑똑이 친구

처음 배우는 쉽고 유쾌한 뇌 과학

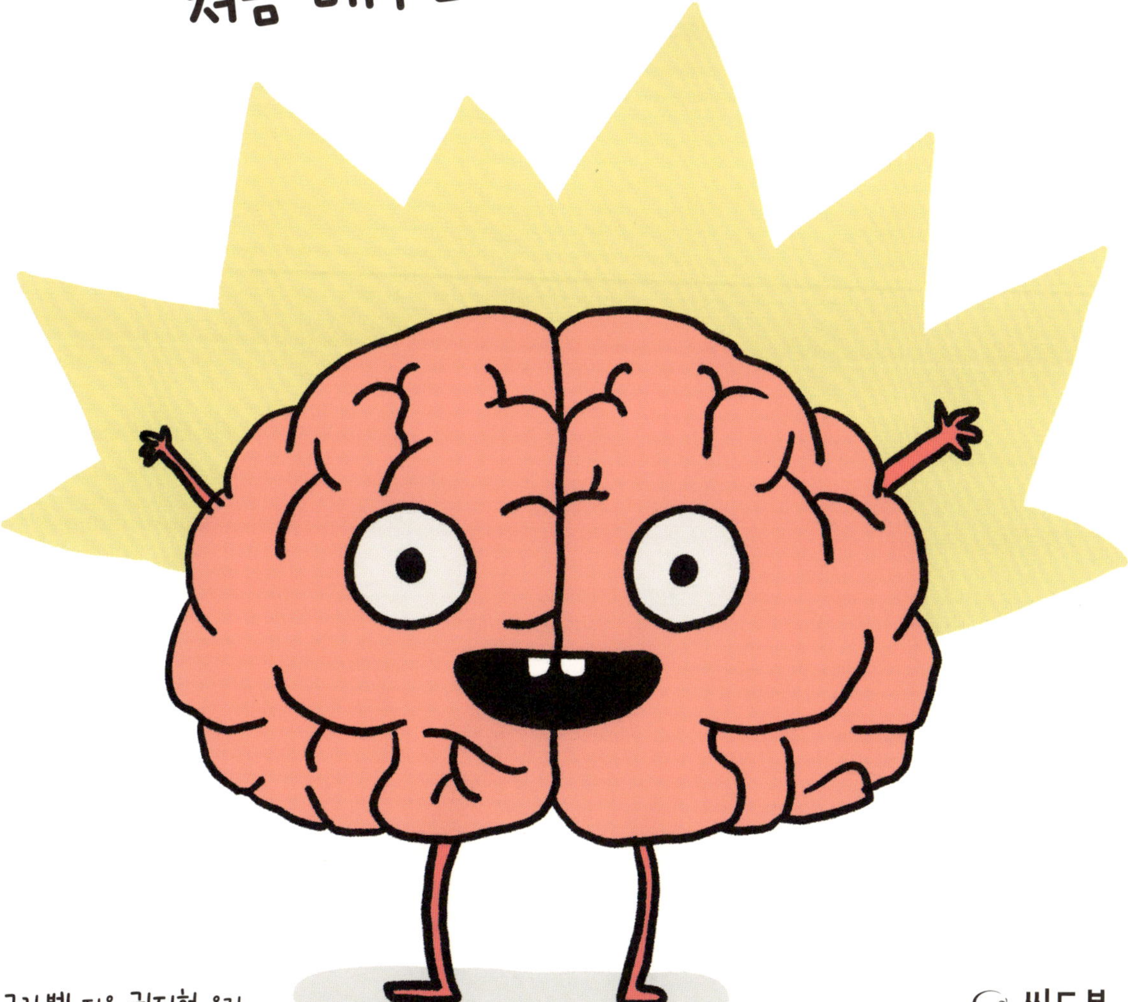

엘리즈 그라벨 지음 권지현 옮김

씨드북 Seedbook

지은이 엘리즈 그라벨

캐나다 몬트리올에 사는 작가 겸 일러스트레이터예요. 그래픽 디자인을 전공한 뒤 어린이 책을 쓰고 그리는 일을 해 왔어요. 작가가 만들어 낸 별나면서도 매력적인 캐릭터들은 전 세계 어린이와 어른의 마음을 단박에 사로잡았어요. 2012년에는 『또 마트에 간 게 실수야!』로 캐나다의 중요한 문학상인 총독문학상을 받았어요. 지금까지 30권 이상의 어린이 책을 썼고 『벌레 팬클럽』, 『버섯 팬클럽』 등은 12개 언어로 번역 출간되었어요. 젊은 후배 작가들이 그림을 계속 그리도록 독려하며 지금은 몬트리올에서 남편, 두 딸, 고양이들과 살고 있어요.

옮긴이 권지현

고등학교를 졸업할 무렵부터 번역가의 꿈을 키웠어요. 그래서 서울과 파리에서 번역을 전문으로 가르치는 학교에 다녔고, 학교를 졸업한 뒤에는 번역을 하면서 번역가가 되고 싶은 학생들을 가르치고 있어요. 그동안 옮긴 책으로는 『도전 명탐정 프로젝트』, 『보통의 호기심』, 『꼬마 중장비 친구들』, 『징글 친구』 시리즈와 『내 친구 숫자를 소개합니다』, 『우리 집 똥강아지』, 『수집가들의 보물』, 『미생물 팬클럽』, 『벌레 팬클럽』, 『버섯 팬클럽』, 『아나톨의 작은 냄비』 등이 있어요.

내 머릿속 분홍 말랑 똑똑이 친구
처음 배우는 쉽고 유쾌한 뇌 과학

초판 인쇄 2025년 9월 18일 초판 발행 2025년 9월 18일
지은이 엘리즈 그라벨 옮긴이 권지현
펴낸이 남영하 편집 조웅연 전예슬 디자인 박규리 마케팅 김영호 경영지원 최선아
펴낸곳 ㈜씨드북 주소 03149 서울시 종로구 인사동7길 33 남도빌딩 3F 전화 02) 739-1666 팩스 0303) 0947-4884
홈페이지 www.seedbook.co.kr 전자우편 seedbook009@naver.com 인스타그램 instagram.com/seedbook_publisher
ISBN 979-11-6051-273-1 (77400)

THIS IS MY BRAIN
Copyright © 2024 by Elise Gravel
All rights reserved. No part of this book may be reproduced in any form without written permission from the publisher.
First published in English by Chronicle Books LLC, San Francisco, California.
Korean translation copyright 2025 by Seedbook
Korean translation rights arranged with Chronicle Books LLC through EYA Co.,Ltd

이 책의 한국어판 저작권은 EYA Co.,Ltd를 통해 Chronicle Books LLC와/과 독점 계약한 씨드북이 소유합니다.
저작권법에 의해 한국 내에서 보호를 받는 저작물이므로 무단 전재와 무단 복제를 금합니다.

제조국명: 대한민국 | **사용연령:** 6세 이상
KC마크는 이 제품이 공통안전기준에 적합하였음을 의미합니다.
종이에 베이지 않게 주의하세요.

• 책값은 뒤표지에 있어요.   • 잘못 만들어진 책은 구입하신 서점에서 바꾸어 드려요.   • 씨드북은 독자들을 생각하며 책을 만들어요.

'나는 다른 것 같아'라고 느끼는 모든 어린이와

어른-아이에게 바칩니다.

여러분은 아름다운 뇌를 가지고 있다는 걸 잊지 말아요.

—엘리즈 그라벨

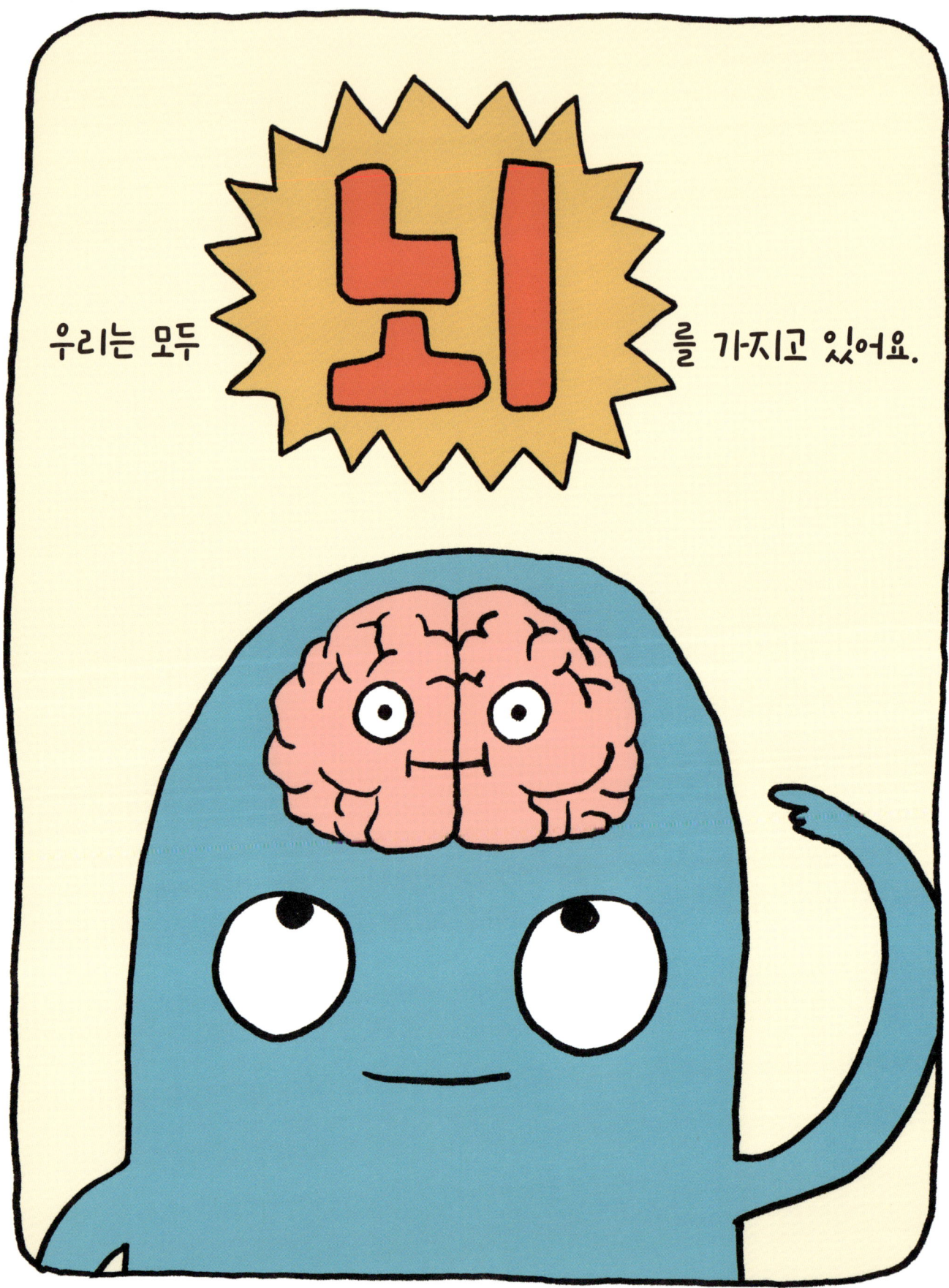

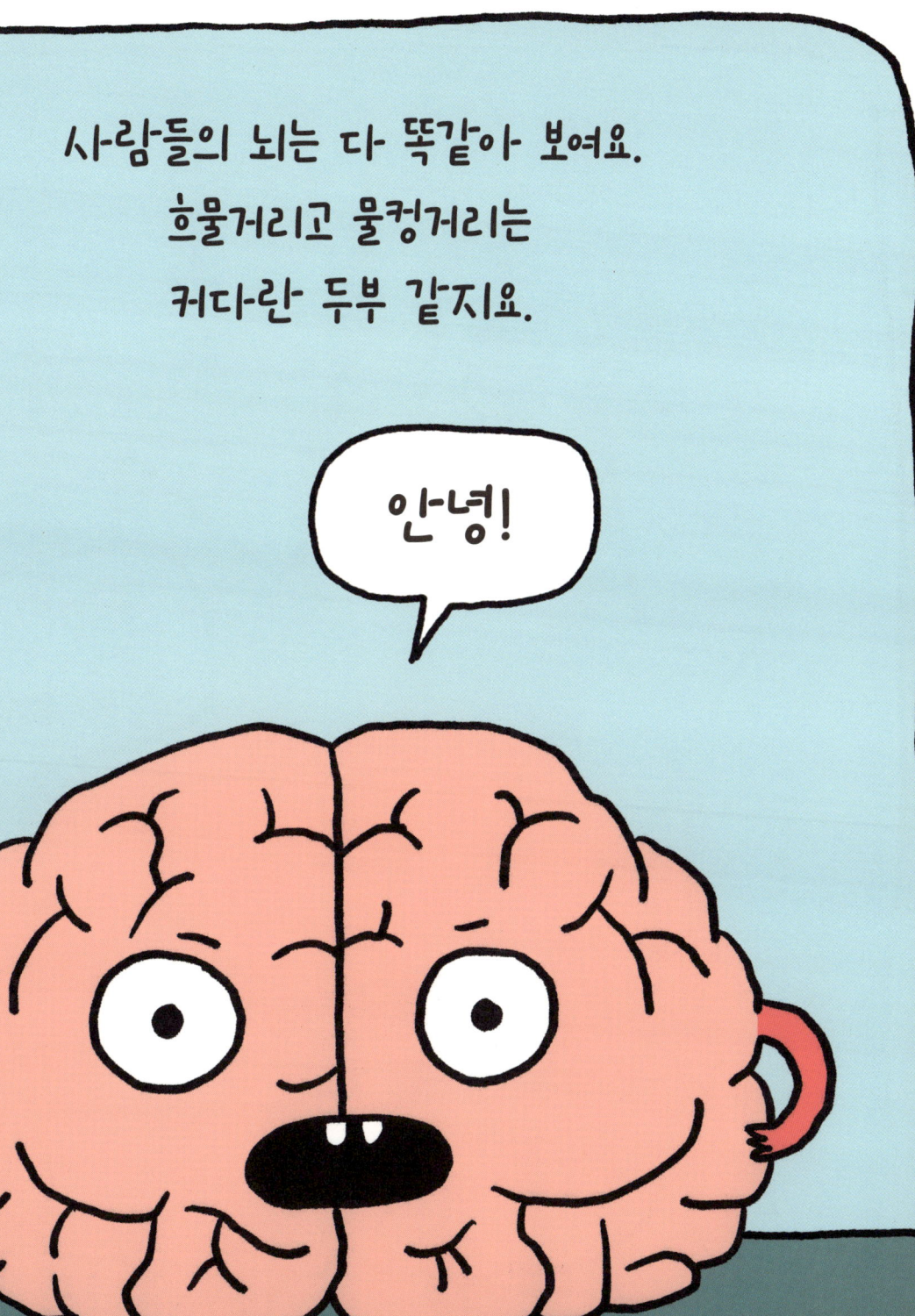

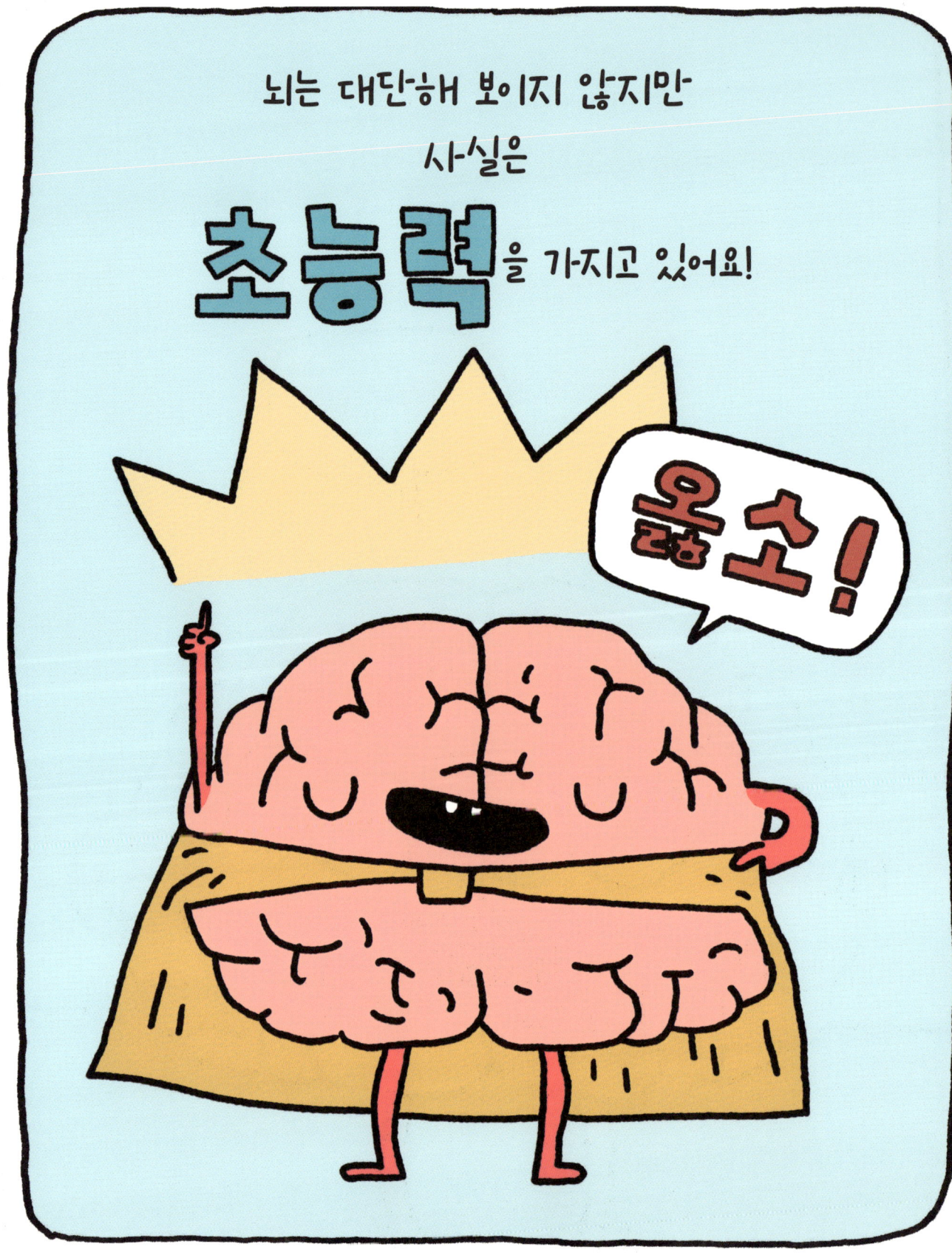

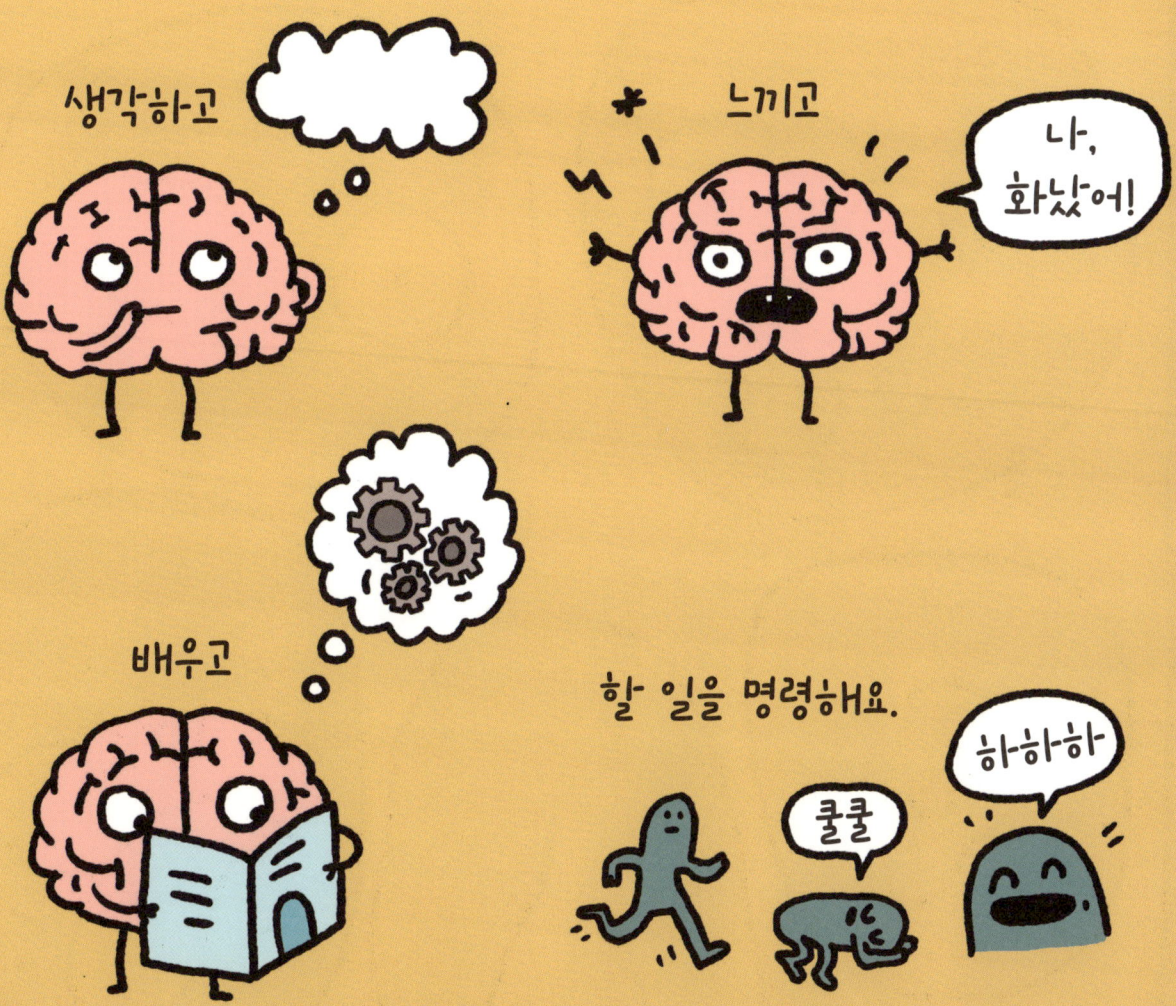

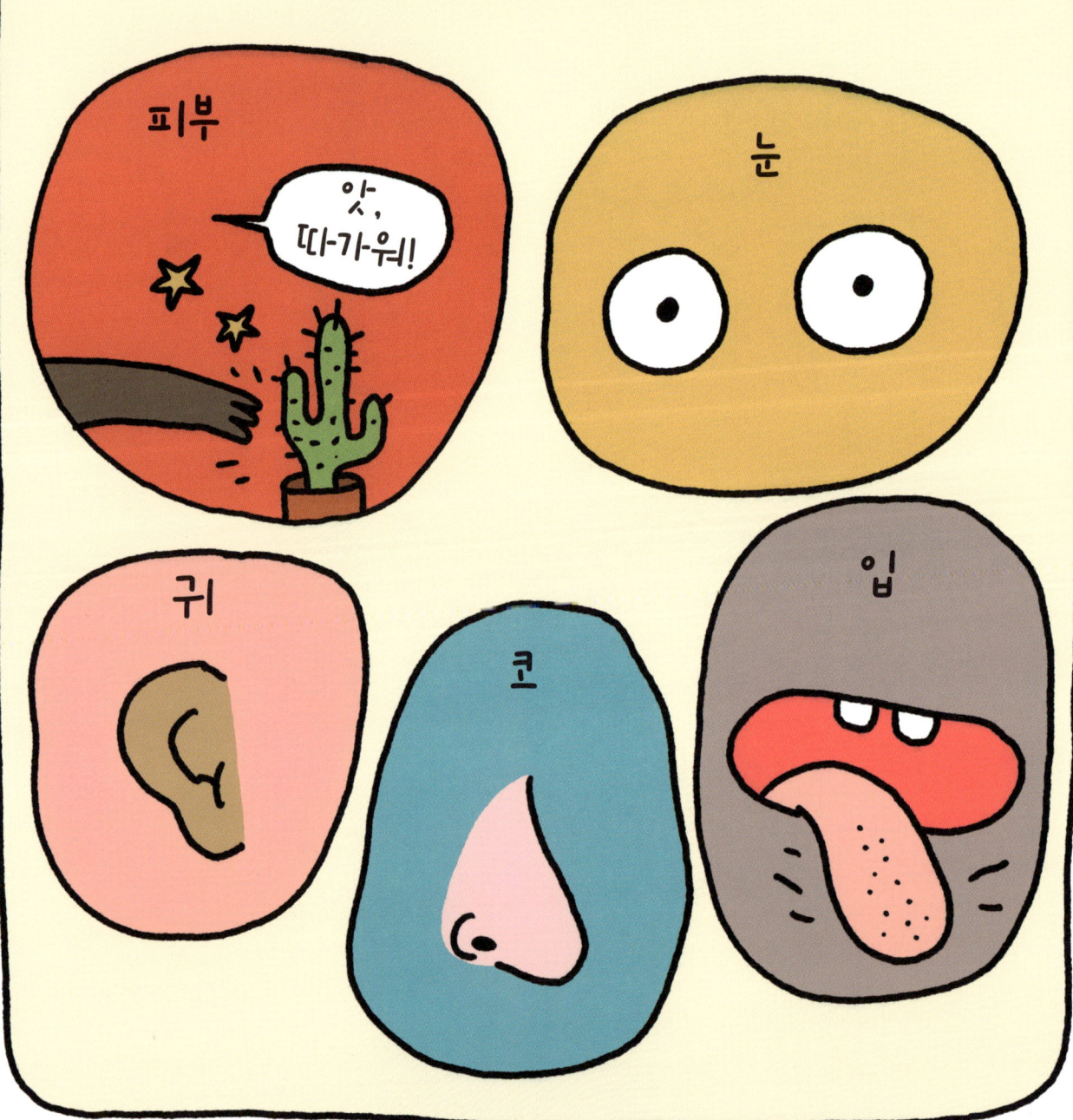

뇌는 감각 기관들이 보낸 정보를 받아요.

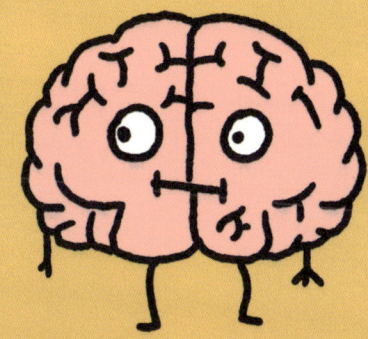

뇌는 받은 정보를 처리해요.

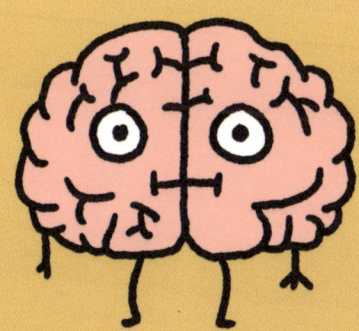

그리고 우리 몸에 명령해요.

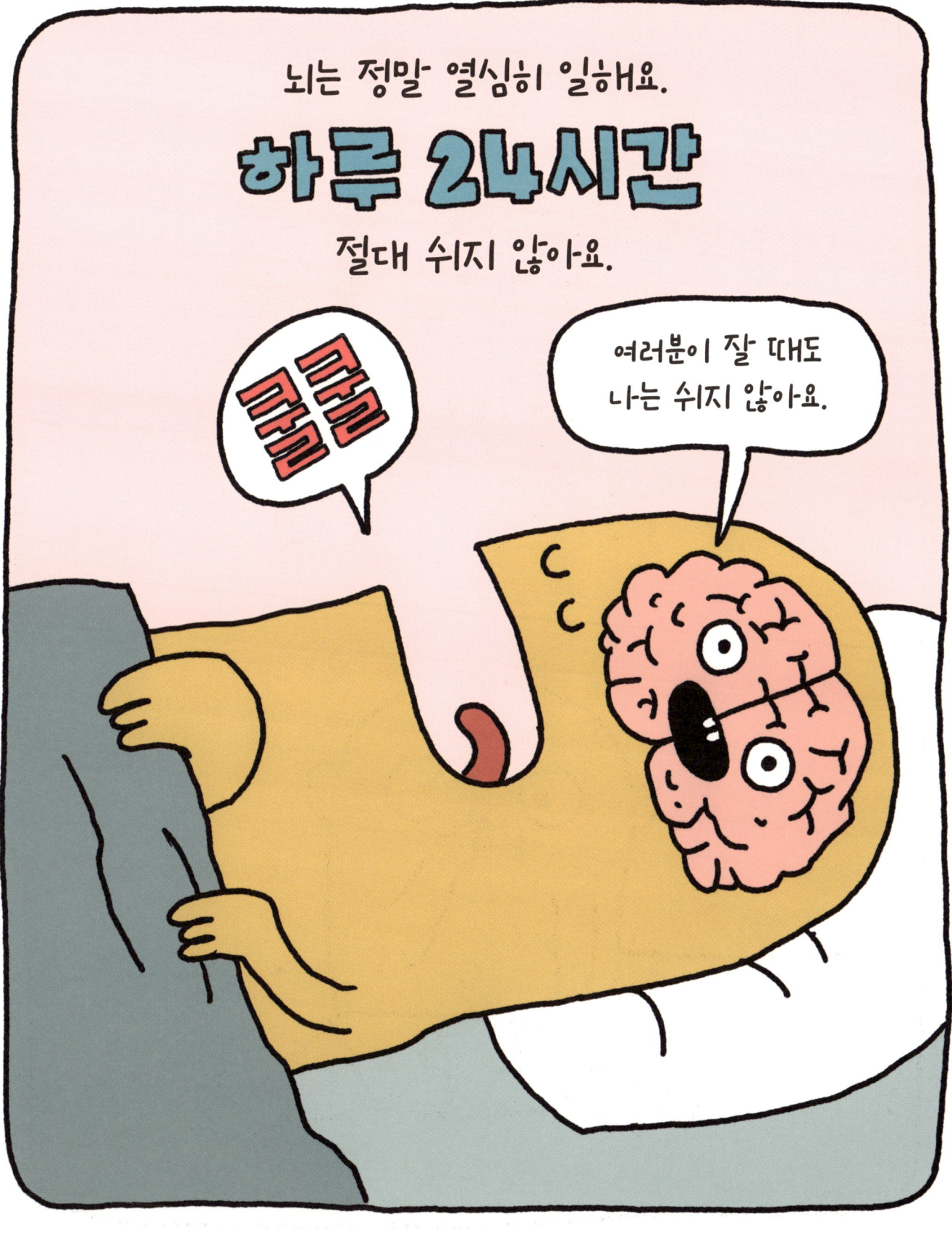

뇌가 가장 바쁜 사람은

아기 그리고
어린이 예요!

생각해 봐요.
우리는 태어났을 때 **아무것도** 몰랐어요.

먹기

자기
쿨쿨

울기
으앙!

똥 싸기만 빼고요.

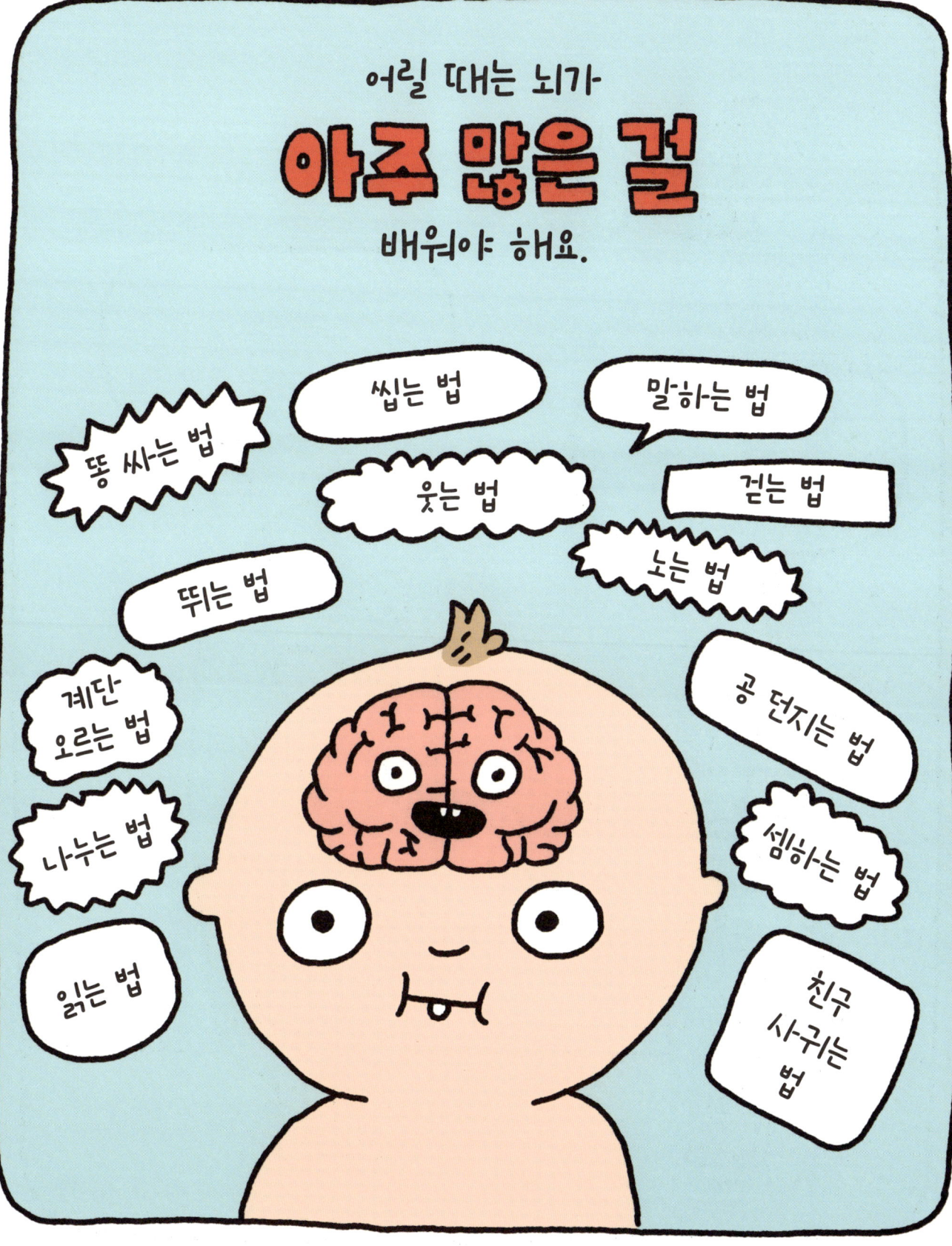

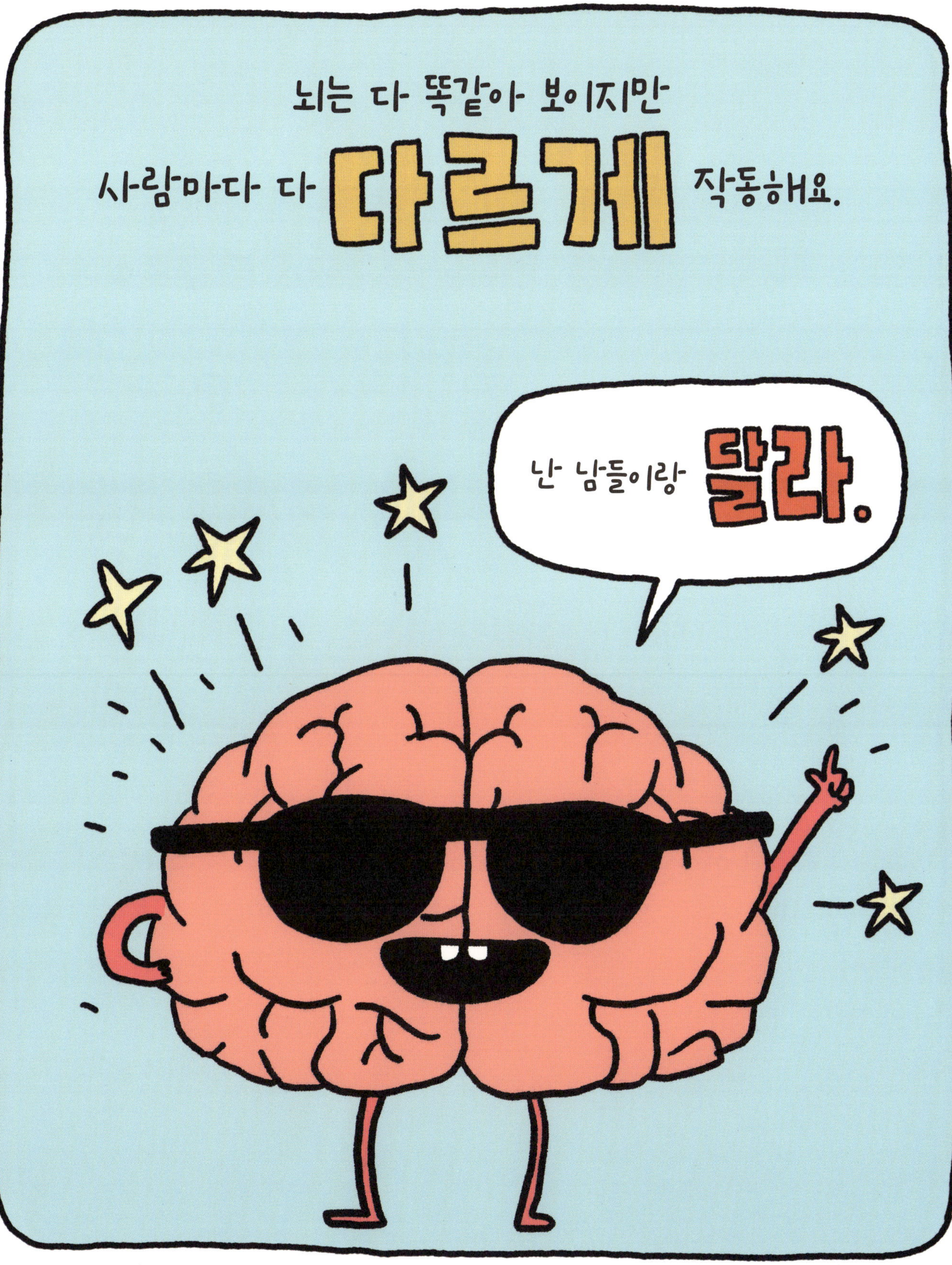

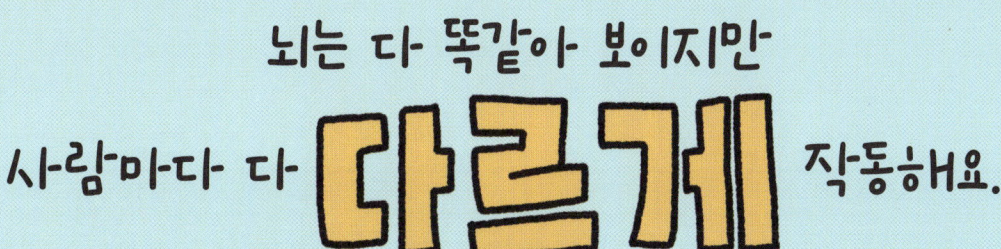

그리고 뇌마다
배우는 방법도
달라요.

난 만지면
더 잘 배워요.

난 선생님이
재미있으면
더 잘 배워요.

난 혼자서 하면
더 잘 배워요.

난 친구와 함께하면
더 잘 배워요.

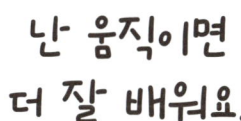

난 움직이면
더 잘 배워요.

난 놀면서 하면
더 잘 배워요.

어떤 사람들은 질문을 많이 하면서 배워요.

"강아지는 왜 꼬리를 흔들어요?"

"재채기는 왜 하는 거예요?"

"벌은 어떻게 꿀을 만들어요?"

어떤 사람들은 조용히 관찰하는 걸 좋아해요.

또 어떤 사람들은 손을 쓰며 실험하는 걸 좋아해요.

우리가 하는 모든 것과

우리 주변에서 일어나는 모든 일은

배움 에 도움을 줘요.

우리는 **재미**를 느낄 때 배워요.

또 다른 사람들을 보면서 배우기도 해요.

우리는 실수하면서 배워요.

뭔가를 느끼는 데는 좋은 방법도 없고
나쁜 방법도 없어요.

우리가 느끼는 모든 것은 옳고

우리는 그 느낌에서 무언가를 배워요.

우리는 저마다 **다른 방식**으로 세계를 바라봐요.

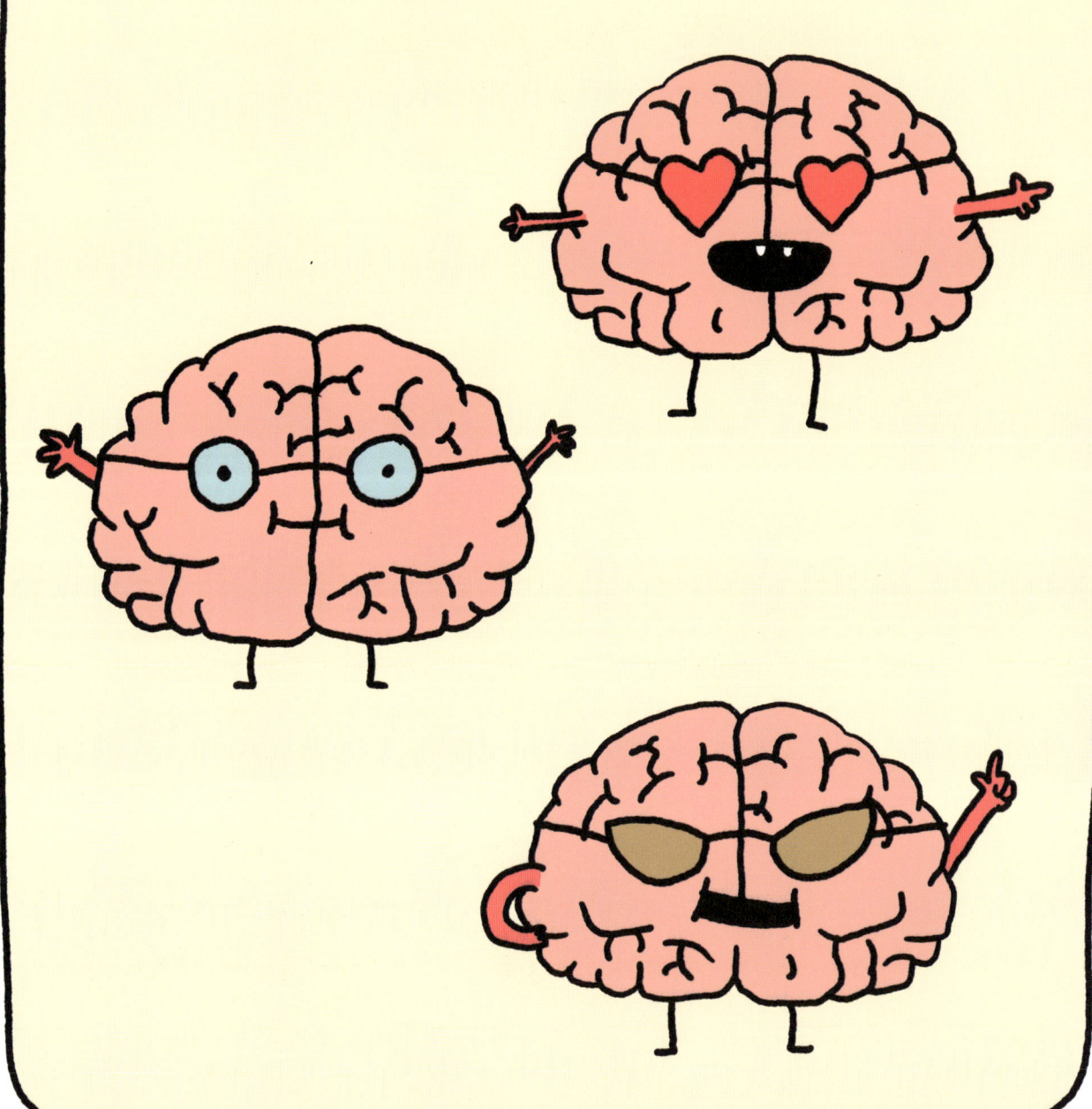

마치 우리 뇌가 서로 다른 색의
안경을 쓰고 있는 것처럼요.

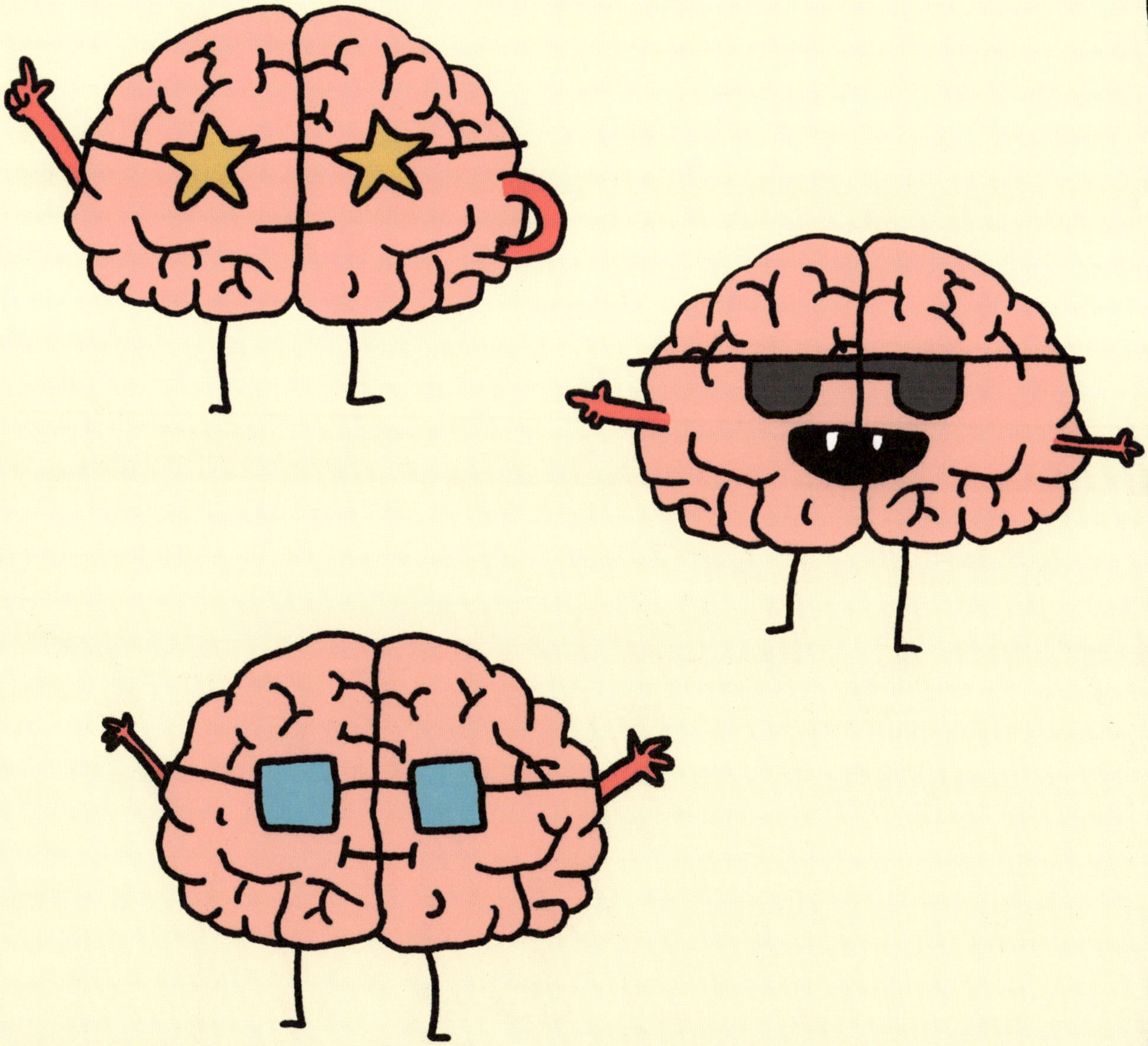

우리가 서로 다른 덕분에
힘을 모으면
더 기발하고 더 유용한
아이디어가 나올 수 있어요.

우리의 뇌는 배우기를 멈추지 않아요.
뇌는 근육 같아서 우리가
키우고 유지해야 해요.

어떤 방법이 있을까요?

책 읽기

새로운 시도 하기

나 혼자서 케이크를 만들었어!

몸 움직이기

질문하기

진화는 어떻게 일어나는 거예요?

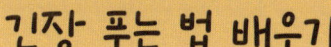

가끔 우리 뇌는 힘들고 지치기도 해요.
그럴 때 우리는

누군가에게 문제를 털어놓아서

뇌를 도와줄 수 있어요.

뇌는 우리를 위해 열심히 일해요.
우리도 뇌가 건강하고 행복해지도록 노력해요.